EXPOSÉ DES TRAVAUX

DE

M. ÉLIE DE BEAUMONT

Par **M. POTIER**, ingénieur des mines

EXPOSÉ DES TRAVAUX

DE

M. ÉLIE DE BEAUMONT

Par M. POTIER, ingénieur des mines

———

MESSIEURS,

Dans cette séance annuelle, il est d'usage de rappeler à votre souvenir les hommes éminents qu'a perdus votre Association.

Dans la liste déjà longue de vos pertes, la mémoire d'Élie de Beaumont doit particulièrement vous être chère. Dès la fondation de votre Association il avait tenu à vous offrir le concours de son nom et de son influence; concours toujours assuré à qui l'invoquait au nom de la science, de la charité ou du patriotisme.

Cette influence n'était pas due seulement aux hautes fonctions dont l'Académie l'avait revêtu en lui confiant la lourde succession d'Arago, il l'avait conquise, dès le début de sa carrière scientifique, par des travaux de premier ordre, qui l'avaient placé à la tête de la géologie française. Sa description des Vosges, la première anatomie complète que nous possédions d'une contrée montagneuse, avait mis en relief ses qualités d'observateur, sa pénétration et sa sagacité. Mais ce qui devait l'illustrer, ce sont ses travaux sur l'histoire de notre planète prise dans son ensemble, travaux qui, devenus le patrimoine commun de tous les géologues, ont rendu son nom populaire dans les deux mondes.

Le premier mémoire (à ce point de vue général) d'Élie de Beaumont a été lu à l'Académie des sciences le 22 juin 1829; son titre est « Recherche sur quelques-unes des révolutions de la surface du globe. » Il produisit une émotion considérable. Pour la première fois on disait nettement : Les chaînes de montagnes n'ont pas toujours existé, elles se sont produites à des époques différentes, et on peut affirmer que les Vosges existaient avant les Pyrénées, et celles-ci avant les Alpes. De plus, on en donnait des preuves si claires, qu'il paraissait à la portée de tout le monde de le vérifier. Aussi le public savant tout entier salua cette découverte avec enthousiasme. Arago, qui paraît avoir professé jusque-là un certain dédain pour les géologues (car il les comparait aux augures, qui ne pouvaient se regarder sans rire), Arago, dis-je, s'empressa de vulgariser ce résultat dans une des notices dont il avait l'habitude d'enrichir l'Annuaire du bureau des Longitndes, tandis que les représentants les plus autorisés de la géologie, Brongniart, Beudant et Brochant de Villiers, chargés de présenter à l'Académie un rapport sur ce mémoire, proclamaient comme nouvelle cette proposition que « toutes les chaînes de montagnes n'ont pas été soulevées à la même époque, et qu'il est possible de distinguer et même d'énumérer ces différents paroxysmes d'élévation. » Ils s'excusent de sortir de la réserve académique dans les éloges qu'ils donnent à Élie de Beaumont, et, chose plus méritoire, l'un des rapporteurs, qui avait été professeur d'Élie de Beaumont, reconnaît la justesse des vues de son disciple, et abjure les doctrines qu'il lui avait enseignées. Dès ce moment Élie de Beaumont était hors de pair, et sa place était marquée à l'Institut, dont il devait partager les travaux pendant quarante années.

Le principe du mémoire de 1829 est le suivant : Vous savez que la partie du globe terrestre la plus superficielle, celle que nous pouvons observer, est composée principalement de couches successives de matières diverses qui ont été déposées par les eaux, comme le prouve l'arrangement des matériaux qui les constituent, ou la présence de dépouilles d'animaux marins ou d'eau douce qu'elles contiennent. Ces couches, presque horizontales dans les pays de plaine, autour de Paris par exemple, se trouvent inclinées dans les pays accidentés. Mais alors on peut prouver qu'elles ont été dérangées de leur position primitive et qu'elles avaient en réalité été déposées originairement dans une position presque horizontale, comme celles des pays de plaine. Saussure l'a démontré le premier pour une roche des environs du Mont-Blanc, que l'on nomme poudingue de Valorsine ; c'est un grès à pâte fine dans laquelle on distingue de gros galets arrondis, et dont la forme montre bien qu'ils ont été charriés ; mais au lieu d'être sur leur plat, ces galets sont aujourd'hui placés de champ, en même temps que les couches du grès qui les unit sont presque verticales. Comme il est bien certain que les galets n'ont pu être placés dans cette position par le mouvement des eaux il faut bien admettre qu'ils étaient originairement à plat, et que les couches de grès étaient horizontales ; puis, que ces couches ont été redressées, et que les galets se sont ainsi trouvés placés de champ pendant que les couches devenaient verticales. Dans les couches qui contiennent des fossiles, on remarque aussi que les coquilles plates sont couchées parallèlement aux couches, même quand celles-ci sont inclinées ; ces coquilles était évidemment dans le même cas que les galets dont je viens de parler, il faut bien aussi que ces couches inclinées aient été primitivement disposées horizontalement. Enfin, si vous jetez un coup d'œil sur le croquis qui représente la manière d'être des couches de charbon du Nord de la France, entre lesquelles se trouvent des couches de grès, et des couches d'argile durcie, vous serez bien convaincus que ces couches ne sont plus maintenant dans la même position que lors de leur dépôt.

Il y a donc des localités pour lesquelles nous pouvons affirmer qu'elles ont été le siége de bouleversements et de dislocations dont vous jugerez l'importance quand vous saurez que c'est par centaines et milliers de mètres que se compte l'épaisseur de couches aussi froissées. Il faut maintenant chercher à quelle époque ont eu lieu ces bouleversements, déterminer l'âge de ces révolutions et les classer dans la chronologie terrestre.

Il saute aux yeux que dans une série de couches déposées par les eaux, les plus anciennes sont les plus profondes, et que l'ordre de superposition de ces couches est en même temps l'ordre de leur depôt; on peut donc assigner un âge relatif à tous les groupes de couches dont la superposition est constatée. Ces couches sont en tel nombre qu'on a dû les grouper en masses, qu'on a appelées terrains, ou formations, et dans lesquels on a réuni toutes les couches qui ont la même allure, et s'accompagnent toujours. Ces ensembles ont reçu des noms dont je transcris ici les plus importants. Chacun de ces groupes est caractérisé en même temps par un ensemble d'animaux et de plantes, par une faune et une flore distinctes, qui leur sont particulières; et l'ordre de succession de ces faunes et de ces flores,

déduit une fois pour toutes de l'ordre de superpo-
sition des couches qui les renferment, peut servir à son tour à fixer ce que les géologues appellent l'âge d'une couche, c'est-à-dire la place qu'il faut lui attribuer dans le tableau.

Lorsque les couches ont été disloquées, la révolution qui les a bouleversées est certainement posérieure à leur dépôt ; elle est antérieure au contraire à celui des couches qui n'ont pas été dérangées de leur position primitive. Ainsi, dans l'exemple figuré sur le tableau, vous voyez que le dérangement du terrain carbonifère est antérieur au dépôt des couches de la craie ; l'âge de ce mouvement n'est donc pas fixé avec une grande précision, car entre le terrain houiller et la craie se sont déposées les couches qui constituent le sol de

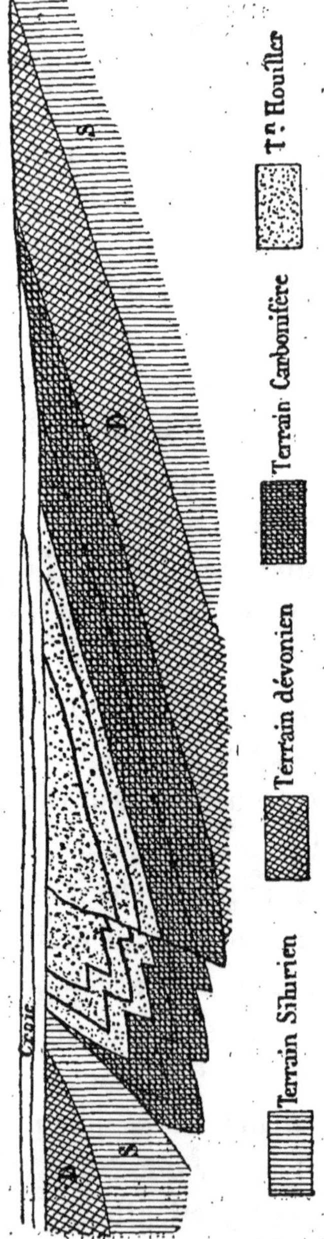

la Lorraine et celles qui constituent les coteaux de la Bourgogne. Mais vous pouvez voir sur la même figure la trace d'une autre dislocation dont l'âge sera beaucoup mieux déterminé ; vous voyez que les couches marquées d'une S sont presque verticales, et que sur elles reposent des couches marquées d'un D qui sont les mêmes que celles qui passent sous la formation carbonifère. S'il n'y avait pas eu de mouvement entre la formation de ces deux dépôts, ces deux groupes S et D devraient avoir la même allure, puisque D repose sur la tranche de S, c'est que celui-ci avait été déjà redressé lorsque D a commencé de se déposer ; l'époque du bouleversement est donc antérieure au terrain dévonien et postérieure au dépôt du terrain silurien, et nous pouvons affirmer que cette révolution a précédé la première qui a bouleversé le terrain houiller.

Dans les montagnes, les dislocations de la même nature sont la règle. Des couches qui contiennent des restes d'animaux marins, aujourd'hui à plusieurs milliers de mètres au-dessus du niveau de la mer, sont en même temps redressées jusqu'à la verticale et même renversées. Ce n'est donc pas par le seul effet du retrait de la mer que nous les voyons a cette hauteur, mais par l'effet d'une révolution qui les a en même temps soulevées et inclinées ; après cette révolution, la mer a soulevé de nouveaux sédiments qui sont venus se déposer au pied des montagnes et dont l'âge fixe pour nous la date du soulèvement de la montagne. Ce soulèvement est plus ancien que la première couche déposée horizontalement à son pied, plus récent que la dernière couche relevée ; et si une couche redressée dans les Alpes vient mourir horizontalement contre les ramifications du Forez, nous pouvons affirmer que le dernier relief des Alpes est postérieur à la formation des montagnes du Forez.

Si ces raisonnements ont la rigueur de la géométrie, ils en ont aussi la simplicité, et vous pouvez vous étonner qu'un résultat si évident n'ait pas été acquis dès l'origine de la géologie ; mais il faut songer à la masse de connaissances acquises que ces conclusions supposent déjà. Il fallait d'abord savoir que les matériaux qui composent l'écorce terrestre n'y sont pas distribués au hasard ; qu'il y a une règle qui préside à leur assemblage ; acquérir cette notion qu'ils n'ont pas été formés tout d'un coup, mais successivement, et trouver les moyens de fixer l'ordre relatif de leur formation. Ce fut la tâche de Werner. Il y réussit si bien que les travaux antérieurs d'hommes éminents furent complétement mis de côté, tandis que ses théories, très-discutables, devinrent classiques.

A l'origine, disait Werner, la mer avait couvert toute la surface du globe, et avait laissé déposer les roches comme l'eau de la mer dépose du sel dans les marais salants. Le niveau de l'océan s'était ensuite abaissé progressivement et les dépôts émergés

avaient formé les continents. Les agents atmosphé-
riques avaient ensuite dégradé ceux-ci et modelé les
montagnes.

Mais quand les élèves de Werner, armés des méthodes rigoureuses d'observation de leur maître,
sortirent des petites collines saxonnes pour étudier le
reste de l'Europe, ils furent bien obligés de renoncer,
quoique à contre-cœur, à ces théories. Il devint évident pour eux qu'à diverses époques il était sorti
du sein de la terre des roches plus ou moins voisines des laves actuelles ; que l'ordre théorique qu'ils
avaient cru régner partout avait été dérangé, non
pas accidentellement, mais sur de grandes étendues ;
qu'on avait trop facilement rejeté les observations
non conformes aux théories à la mode, et qu'en
France en particulier les travaux de Palasson, de
Faujas de Saint-Fond et de Dolomieu, ne méritaient
pas le discrédit où ils étaient tombés. Il existait alors
une grande répugnance à admettre que l'écorce terrestre n'était pas d'une stabilité parfaite, et c'était
la grande objection de la géologie classique contre
les novateurs. « Il semble, dit un des meilleurs traités
de 1819 (à cette époque M. de Beaumont était à
l'École des mines), que pour nous sortir d'embarras
on nous jette dans un bien plus grand. Parce que
nous sommes en peine de faire baisser le niveau
pour ainsi dire mobile de la mer, on nous propose
de hausser le niveau de la terre ferme[1]. »

1. D'Aubusson de Voisins, *Traité de Géognosie*, t. I, p. 415.

Ainsi, malgré les travaux de Buch, de Kéferstein, de Mérian et de Boué, malgré les travaux d'Élie de Beaumont lui-même dans les Alpes, malgré son admirable description des Vosges, malgré tous ces arguments dont le nombre augmentait sans cesse, la géologie classique n'avait pas encore cédé.

De leur côté, Cuvier et Brongniart avaient montré qu'avant d'être habitée par les races actuelles d'animaux, la surface de la terre avait avait nourri une faune toute différente, qui avait succédé elle-même à d'autres plus anciennes et également détruites. Ils en avaient conclu la nécessité d'une série de révolutions qui auraient détruit chaque fois tout ce qui vivait à la surface de la terre.

Les théories de Werner, battues en brèche de tous côtés, devaient finir par tomber. Il fut donné à Élie de Beaumont de les renverser complétement. Par la forme saisissante et précise qu'il donnait à l'exposé des faits ; en appuyant chaque révolution du nom de montagnes bien connues, il intéressa l'opinion publique à la solution de la question, solution qui ne pouvait pas être douteuse.

Mais ce mémoire de 1829 avait une portée plus haute que la détermination de l'âge de quelques chaînes de montagnes. A peine était-il établi que l'écorce terrestre avait été fracturée en différents points, et à différentes époques, qu'Élie de Beaumont cherchait déjà à coordonner tous ces accidents.

Il est rare qu'un chaînon de montagnes soit isolé. Presque toujours à côté de lui se trouve un ou plusieurs autres chaînons, qui lui sont parallèles ; et lorsqu'on étudie leur structure, on voit qu'ils datent tous de la même époque ; que les couches redressées dans l'un le sont aussi dans les autres, de sorte que l'ensemble de ces chaînons parallèles est le produit d'une même opération de la nature qui leur a imprimé à tous la même direction.

Si, dans le prolongement de ces chaînons ou à quelque distance, nous en trouvons d'autres de même direction, nous serons naturellement portés à admettre qu'ils ont été formés à la même époque, et à formuler cette règle : « Les chaînes de montagnes parallèles ont été soulevées à la même époque. »

Les dérangements de l'écorce terrestre ne se produisent pas toujours par des chaînes de montagnes. Dans des régions à peu près plates, comme l'Ardenne, nous trouvons des couches repliées sur elles-mêmes, comme les fronces d'une étoffe ; dans ce cas encore, on voit les couches du même âge plissées dans la même direction. D'autres fois, les terrains sont simplement fendus ; dans les pays de mines notamment, ces fissures de l'écorce sont remplies par des minerais métalliques, minerais de plomb, de zinc, de cuivre, etc. En Saxe, dans le Cornouailles, où les mines sont exploitées depuis plusieurs siècles, on a vidé ces fissures sur de grandes longueurs et jusqu'à la profondeur de sept à huit cents mètres.

Cette expérience prolongée a montré que les fentes qui avaient la même direction étaient remplies de mêmes métaux et étaient du même âge.

Ainsi la même loi s'applique aux chaînes de montagnes, aux plissements des couches, aux fractures : même direction — même âge.

Élie de Beaumont appela *système de montagnes* l'ensemble de ces accidents de même âge et de même direction. Ainsi, dans ce qu'il appelle *le système des Pyrénées*, il comprend la portion de l'Apennin qui s'étend d'Alexandrie vers Ancône, chaîne de même âge et qui a la même direction. Après avoir étudié quatre de ces systèmes dans les régions du centre de l'Europe, là où des observations ont été faites, il osa étendre ce principe, que *l'identité de direction entraîne l'identité d'âge*, au globe entier. « Car on ne voit, dit-il, aucune limite à l'étendue en longueur d'un système de montagnes »; ainsi il fait rentrer l'Himalaya dans le système des Alpes.

Dans le court espace de temps qui s'écoula entre la lecture de son mémoire à l'Académie et l'impression dans les *Annales des sciences naturelles*, le nombre des systèmes était porté à neuf; et dans la traduction française du *Manuel de la géologie* de de la Bêche, douze systèmes étaient étudiés. Élie de Beaumont avait tracé le cadre dans lequel venaient s'inscrire d'elles-mêmes, successivement, toutes les observations géologiques relatives aux directions et aux âges des couches et des dislocations qu'elles avaient supportées : chaque géologue apportait sa pierre à l'édifice, et les systèmes de montagnes se créaient pour ainsi dire en dehors de lui. La coordination n'était plus pour lui qu'une question de calcul ou de tracé sur des cartes; aussi le nombre des systèmes s'accrut-il considérablement, et, en 1867, il en enregistrait quatre-vingt-seize, déclarant que la liste n'était pas close encore.

Les conclusions de Élie de Beaumont étaient trop importantes pour ne pas être vivement discutées par ses contemporains. Parmi les critiques[1], une grande partie n'était pas fondée; mais quelques-unes lui donnèrent l'occasion de reviser et compléter ses premiers aperçus.

De la manière même dont Élie de Beaumont avait essayé de déterminer par induction l'âge des chaînes de montagnes dont il ne connaissait que le tracé sur les cartes, on pourrait conclure que, pour lui, l'identité de direction entraînait l'identité d'âge. En 1832 M. de Conybeare montra que le sud de l'Angleterre avait éprouvé, à deux époques très-éloignées, des dislocations ayant la même direction; à ce premier exemple sont venus s'en ajouter d'autres, et Élie de Baumont admettait déjà en 1833 que quatre fois, sur les douze systèmes reconnus à cette époque, des directions très voisines, pratiquement

---

1. Ainsi M. Boué, en 1833 (*Bulletin de la Société géologique*), lui reproche d'avoir considéré comme tertiaire le nagelflüe du Righi, qui, dit-il, vu de sa hauteur, ne peut être que crétacé.

identiques, s'étaient produites. Il montra plus tard que ce fait n'était pas complétement en opposition avec le principe de l'indépendance des systèmes de montagnes, c'est-à-dire de la différence de direction de deux systèmes d'âges différents.

Si vous vous supposez un instant au pôle, et que vous vous trouviez en présence de deux systèmes de montagnes, l'un dirigé suivant le méridien de Paris, par exemple, l'autre suivant celui de Constantinople, vous n'hésiterez pas à considérer ces deux systèmes comme différents, puisqu'ils se coupent sous un angle de vingt degrés; si maintenant vous suivez chacun de ces systèmes jusqu'à l'équateur, ils se trouveront dirigés du nord au sud tous les deux, et la direction ne vous fournira aucun moyen de distinguer ces systèmes l'un de l'autre dans le voisinage de l'équateur. Ainsi deux systèmes confondus en une région peuvent être néanmoins distincts dans une autre.

Une autre difficulté plus grave fut signalée par Élie de Beaumont lui-même : c'est qu'une dislocation unique pouvait avoir donné lieu à plusieurs directions. Ainsi le grand accident qui a froissé et replié sur elles-mêmes les couches du terrain houiller est connu, depuis la Westphalie jusqu'au canal de Bristol; mais la direction, qui est presque est-ouest en France, devient presque nord-est au sud-ouest, en s'approchant du Rhin, et le changement de direction se fait d'une manière très-brusque.

Comme d'après Élie de Beaumont cette direction nord-est au sud-ouest existait déjà avant le dépôt du terrain houiller, il admet que la nouvelle dislocation a emprunté la direction d'un système préexistant. Il faut avouer que si l'on réunit ces deux circonstances, qu'une direction unique dans un pays peut appartenir à plusieurs systèmes ou correspondre à plusieurs époques, et qu'à une même époque peuvent correspondre des directions différentes, la doctrine de la correspondance de l'âge et de la direction est très-ébranlée. Cela prouve au moins qu'il faut prendre beaucoup de précautions quand on l'emploie, et que les inductions géologiques faites sur de simples cartes géographiques risquent souvent de tomber à faux ; en d'autres termes, la géologie ne peut pas se réduire à de simples questions de géométrie.

Je ne veux pas terminer cette analyse des premiers travaux de Élie de Beaumont sur cette conclusion négative.

Des exceptions dans une matière aussi complexe ne doivent pas nous empêcher de reconnaître la règle générale, qui est le parallélisme et surtout la direction rectiligne des grands accidents de la surface du globe.

Dans les massifs en apparence le plus enchevêtrés, le plus inextricables, vous verrez, en consultant les cartes de plus en plus récentes, la netteté de ce principe s'accuser davantage. A la place des

3

arêtes de poisson plus ou moins sinueuses des anciennes cartes, se dessinent des crêtes droites, des vallées à cours presque rectilignes, qui pénètrent les unes dans les autres sans s'infléchir. Nos belles cartes du Dépôt de la guerre, et l'admirable petite carte de la Suisse, réduction de celle du général Dufour, en sont des exemples frappants.

Plus grand sera l'ensemble que vous considérerez, mieux s'accuseront ces directions maîtresses, qui sont toujours un reflet de la structure profonde du pays. Ce n'est pas aux géologues des pays de plaine qu'il faut demander quel profit on peut tirer de la connaissance de la direction pour débrouiller les questions complexes, mais aux montagnards. Un des maîtres de la géologie suisse[1] s'exprimait ainsi en 1835, en parlant des travaux d'Élie de Beaumont : « Dans les sciences naturelles, ce ne sont pas tant les nouvelles découvertes, souvent dues au hasard, que les nouvelles méthodes, qui font faire à la science les progrès les plus rapides et les plus assurés »; l'introduction dans la géologie du principe des grands alignements, qui est due tout entière à Élie de Beaumont, est une de ces méthodes qui renouvellent une science, et qui ont trouvé des applications aussi bien dans l'étude des filons métallifères que dans les questions purement théoriques.

Ce sont ces directions que nous allons mainte-

1. M. Studer.

nant chercher à coordonner, en suivant toujours pas à pas Élie de Beaumont, et particulièrement sa notice de 1852, notice où il avait reconnu vingt-quatre systèmes. Choisissons en particulier une des directions bien marquées dans un pays ; marquons sur une carte, ou mieux sur un globe terrestre, tous les accidents contemporains qui lui sont parallèles, et suivons ces accidents de proche en proche sur le globe, autant que nous le permettra l'état de nos connaissances géologiques et géographiques. Nous verrons tous les traits ainsi marqués se masser sur une petite portion de la surface du globe ; et si la monture de notre globe nous permet de l'orienter dans toutes les directions possibles, nous arriverons, avec un peu de tâtonnement, à l'installer de telle sorte que les petits traits se trouvent parallèles au cercle de cuivre qui figure l'équateur dans la position normale du globe, et disposés à peu près en groupes d'égale importance au-dessus et au-dessous de ce cercle ; traçons maintenant ce cercle sur le globe : nous aurons obtenu ce que Élie de Beaumont nommait *le cercle de comparaison d'un système de montagnes*. Ce procédé rapide est plus grossier que celui qu'employait Élie de Beaumont, mais il conduit à peu de chose près au même résultat.

Il est très-intéressant de comparer les vingt-quatre cercles auxquels Élie de Beaumont s'était arrêté à cette époque, avec ceux que d'autres observateurs, notamment M. Pissis, avaient déjà mis en évidence en 1848. M. Pissis avait observé que les contours des continents présentent de très-grands alignements presque droits ; qu'en traçant sur la sphère terrestre quinze grands cercles convenablement choisis, on pourrait ramener les contours des continents à n'être plus formés que d'alignements droits, parallèles aux cercles qui passent près d'eux ; il est très-remarquable que sur quinze des grands cercles de M. Pissis, quatorze étaient parallèles aux systèmes que Élie de Beaumont avait trouvés. De plus, six de ces cercles se croisaient en un point unique, deux autres points d'intersection en réunissaient chacun quatre, et enfin un quatrième point était commun à trois cercles.

Cette coïncidence entre des lignes théoriques déduites les unes de formes générales des continents, l'autre de l'examen de quelques systèmes de montagnes presque tous européens, ne doit pas nous étonner ; les chaînes de montagnes sont les véritables os des continents ; les formes de ceux-ci, bien qu'arrondies et façonnées en dernier ressort par les eaux, sont aussi étroitement liées aux directions des chaînes que les contours du corps humain à la disposition de notre squelette. Cette coïncidenee est assurément de nature à nous donner confiance dans la voie ouverte par Élie de Beaumont, où nous allons le suivre.

Les vingt-quatre cercles tracés sur la sphère, la

première chose qui nous frappe, c'est que ces cercles viennent converger vers des espèces d'étoiles ou de ronds-points, et se coupent très-souvent à angle droit, à 45°, ou de manière que l'une des lignes partage en parties égales l'angle de deux autres. Si l'on calcule les angles que forment entre eux, deux à deux, tous les cercles, on voit les mêmes angles se répéter un grand nombre de fois; le réseau formé par ces différents cercles a donc des éléments de régularité, de symétrie; et si nous voulons chercher un système de cercles, un réseau qui les contienne tous, c'est à un réseau régulier que nous devons nous adresser.

Mais le choix qu'on peut faire d'un réseau régulier sur une sphère est très-limité. Si l'on veut placer sur une sphère un système de points assujettis à cette condition que chacun soit également distant de tous ceux qui l'entourent, ce qui est la condition fondamentale de tout système régulier, vous verrez qu'il n'y a que trois manières d'y arriver, soit en prenant quatre points, soit en en prenant six ou enfin douze; en joignant ces points de manière à former des triangles équilatéraux, on formera quatre, huit ou vingt de ces triangles tous pareils entre eux, sur toute la sphère, et on emploiera pour le faire quatre, trois ou quinze grands cercles. La maille fondamentale qui est le quart ou le huitième de la sphère est trop grande dans les deux premiers systèmes pour nous être utile, tandis que la dernière

qui contient 1/20ᵉ seulement et nous donne immé-
diatement quinze grands cercles, se coupant sous
des angles variés, l'angle droit, 72° et 60°, angles

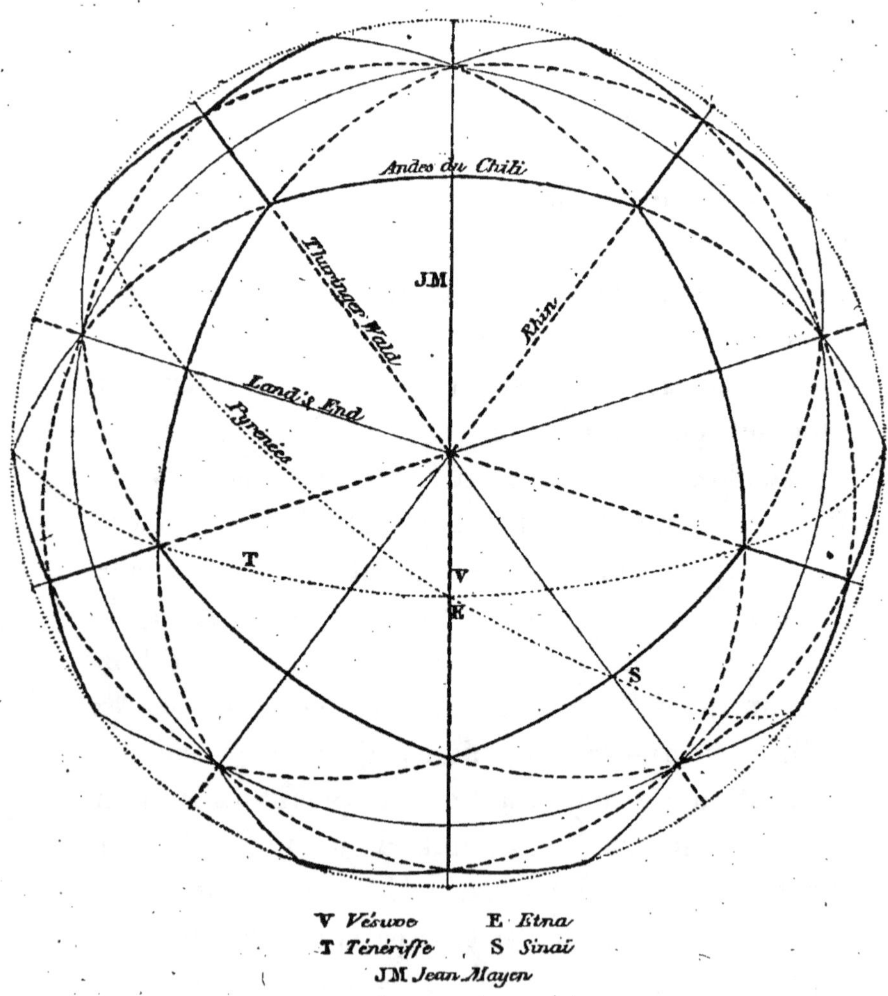

qui eux-mêmes s'étaient présentés souvent sous la
plume de M. de Beaumont lorsqu'il avait calculé
les positions des cercles de comparaison des systèmes de montagnes.

C'est ce dernier système que **M.** de Beaumont résolut d'essayer. Il fit alors un filet dont les mailles étaient la sixième partie des triangles équilatéraux et qui embrassait la sphère entière, puis déplaça ce filet sur un globe terrestre jusqu'à ce que les fils qui le formaient présentassent un ajustement convenable avec les formes des continents, il se trouva que trois cercles à la fois embrassant le huitième de la sphère pouvaient coïncider avec trois de ses fils : l'un joignant l'Etna au Mouna-Roa, l'autre l'Etna à Ténériffe, et un troisième suivant la grande traînée volcanique des Andes du Chili, de sorte que ces trois cercles ramassent en quelque sorte la plus grande partie des volcans du globe.

Il est véritablement surprenant qu'une figure géométrique aussi simple que celle qui est sous vos yeux, appliquée sur le globe de telle manière qu'un de ses côtés suive la ligne Etna-Ténériffe, donne en même temps par ses autres côtés et quelques lignes d'une construction simple les cercles qui représentent le mieux les systèmes de montagnes, et s'adaptent le mieux aux figures des continents. La ligne qui joint l'Etna au Sinaï se trouve être en même temps la meilleure ligne qui puisse servir de base au systeme des Pyrénées ; le grand cercle qui longe la côte du Brésil et en même temps celle du Maroc vient passer juste au centre de la figure que Élie de Beaumont a appelée le pentagone européen.

Enfin tous les systèmes de montagnes connus ont trouvé leur place soit dans ceux qui sont tracés sur le tableau, soit dans ceux qu'on obtient en joignant entre eux les points d'intersection de ces cercles.

Je ne peux, sans globe à mettre sous les yeux de chacun de vous, vous faire apprécier l'exactitude et la portée de ces coïncidences, auxquelles Élie de Beaumont ajoutait de jour en jour une importance croissante, et qui l'ont entraîné aux calculs numériques, longs et pénibles, dont il présentait en 1868 les résultats à l'Institut, calculs qui devaient permettre de tracer son réseau favori sur toutes les cartes.

Les systèmesde représentation de nos cartes, dès qu'elles embrassent des régions un peu étendues, sont si imparfaits, qu'ils défigurent considérablement tout ce qui s'éloigne du centre de la carte, et que sur aucune d'elles on ne peut tracer un grand cercle simplement avec une règle; les faits fondamentaux, la base des travaux d'Élie de Beaumont échappe dès lors à l'œil. Cette lacune doit, si je ne me trompe, être bientôt comblée par la publication d'un atlas *ad hoc*. Le parallélisme des chaînes éloignées deviendra alors évident, et chacun pourra s'éclairer sur la valeur de ces coïncidences.

Élie de Beaumont n'était pas le premier qui se fût préoccupé de chercher des relations simples entre les directions des couches des systèmes de montagnes ou des formes des continents. Les rapports

généraux des formes des continents, la terminaison
en pointe vers le sud, les positions analogues de
Ceylan et de la Terre de Feu, les intersections à
angle droit des traînées des îles volcaniques du
Pacifique, ont de tout temps préoccupé les géogra-
phes. Lorsque M. de Humboldt partit en 1798 pour
l'Amérique, il était préoccupé d'idées semblables.
Les couches des terrains qu'il avait observés en Saxe
et dans une portion des Alpes étaient dirigées nord-
est, et il en avait conclu hâtivement que c'était la
loi générale du globe. La lettre par laquelle il an-
nonce son arrivée à Caracas, où il avait trouvé encore les couches nord-est, était pleine d'enthousiasme; mais peu de jours après il atteignait les Andes,
et voyait alors la direction nord-sud régner sur une
immense étendue. Cette préoccupation repose sur
le principe même de l'esprit scientifique; ce n'est
pas à notre époque, où l'on veut soumettre au calcul
les mouvements si capricieux en apparence de l'at-
mosphère et même les sensations de l'homme, que
l'on doit traiter de chimérique la recherche de la
solution du problème que Élie de Beaumont s'était
posé. Les phénomènes qui ont donné à la terre sa
forme actuelle sont tous du domaine inorganique ;
tous sont soumis à des lois que nous connaissons
en partie; aucun n'est abandonné au hasard, et
nous devons prévoir et hâter le jour où la théorie de
la terre permettra aux géologues de déterminer par
le calcul les états successifs par lesquels a passé le

globe, comme les astronomes le font pour le ciel, en partant de quelques principes simples.

Jusqu'ici je n'ai eu à vous parler que de faits; il est temps d'essayer de remonter à leur cause. Regardez encore une fois ces couches plissées du terrain houiller de nos contrées. La nature n'est-elle pas prise sur le fait, et peut-on nier la compression énergique qui, venant du sud, a refoulé sur elles-mêmes ces assises épaisses de plusieurs milliers de mètres, qui a poussé comme un coin gigantesque le bord sud de cette fente et l'a obligé à gravir ce plan incliné. A la même époque, dans les monts Appalaches, la même chose se produisait, et si je n'ai pas dessiné la structure de ces montagnes, c'était pour ne pas produire deux fois la même figure. Prenons un autre exemple. Voici[1] une coupe des Alpes près de Chamóunix. Les couches se sont repliées sur elles-mêmes ; la compression a été si violente que la masse granitique du Mont-Blanc, écrasée et laminée, s'est divisée en feuillets verticaux qui, s'élançant d'un seul jet vers le ciel, ont produit ces formes hardies des aiguilles de la chaîne du Mont-Blanc.

Ici encore à une époque moderne, nous retrouvons le même phénomène qu'à l'époque houillère : une grande fente sur laquelle a remonté un massif

---

1. La coupe des Alpes exposée à la séance était une reproduction de la figure donnée par M. Lory. (*Bulletin de la Société géologique.*)

enorme : dans les deux cas la surface de la terre a diminué, comme celle d'une feuille de papier que l'on replie sur elle-même; et ce n'est pas en un point seulement, mais sur une immense étendue que ces faits se sont produits. Depuis l'Espagne jusqu'à l'empire des Birmans, nous pouvons cheminer sans quitter la montagne, sans cesser de trouver partout des traces de cassures récentes du globe. Comme le bourrelet des Alpes sépare de la plaine du Pô le haut plateau de la Bavière, la chaîne colossale de l'Himalaya sépare la plaine du Gange du plateau du Thibet. Entre les deux s'étend le massif déchiqueté profondément de la Turquie et de la Grèce, l'Asie Mineure et la Perse, divisées en petits plateaux à des hauteurs différentes. Partout nous trouvons des traces de dépôts marins, peu anciens, disloqués et portés à des milliers de mètres au-dessus de leur position primitive. Nous ne sommes pas ici en présence d'un événement local. Sur toute cette surface, l'enveloppe extérieure de notre planète a dû se plisser sur elle-même, gagnant en hauteur ce qu'elle perdait en développement horizontal. Si la surface de la terre a ainsi diminué chaque fois qu'un système de montagnes s'est produit, c'est que le volume du noyau même a diminué aussi. Et l'écorce ne peut se prêter à une diminution de volume du noyau qu'en fléchissant, en se gondolant d'abord et en se brisant lorsque les flexions ont dépassé ce qu'elle pouvait supporter.

En même temps les portions plus voisines de la ligne de rupture pressées les unes sur les autres ont dû se rider et produire une série de bourrelets parallèles à cette ligne.

Mais à mesure que notre globe a vieilli, ces systèmes se sont multipliés et la surface du globe s'est rapprochée comme aspect de nos chaussées pavées, où malgré l'habileté des ingénieurs il existe toujours des inégalités relativement bien plus considérables que les plus hautes chaînes de montagnes du globe. Si de nouvelles fentes doivent se produire dans notre écorce ainsi divisée en petits compartiments, elles épouseront de préférence les directions des anciens jours. Leurs inflexions, leurs irrégularités, viendront témoigner de l'existence antérieure, dans la partie profonde du sol, de dislocations que les couches récentes cachaient à nos yeux comme les enduits des murs cachent momentanément les joints des pierres. Dans chacun des zigzags de la nouvelle fracture se reproduiront les traits anciens les plus voisins de la direction générale du nouveau ridement.

Si la géologie, si l'examen minutieux des documents de l'histoire ancienne du globe, nous a révélé ces fractures, ces plissements gigantesques, nous n'aurons qu'à regarder autour de nous pour voir les traces de ces mouvements préliminaires, de ces bossellements généraux de la surface du globe. Sous nos yeux, les îles de Spitzberg et les côtes de la Norvége s'élèvent et nous connaissons en plusieurs points la mesure exacte de ce soulèvement, tandis que de grandes portions de l'océan Pacifique s'enfoncent graduellement, permettant aux coraux d'élever assise par assise des récifs dont le pied est à plus de mille mètres au-dessous du niveau de la mer sans que les zoophytes constructeurs cessent de se trouver dans les eaux superficielles et chaudes qui leur conviennent.

Malgré la fixité apparente du sol, même dans les régions où les tremblements de terre sont inconnus, nous ne pouvons citer avec certitude un point où le niveau relatif de la terre et de la mer n'ait pas changé depuis une époque peu éloignée.

Il en était de même autrefois; aux époques géologiques, les rivages se déplaçaient graduellement, lentement, témoignant ici d'une dépression, là d'un exhaussement du sol; c'est donc une cause actuelle agissant encore comme elle a agi depuis les temps les plus anciens, qui produit ces mouvements séculaires de l'écorce de la terre, cette diminution constante du volume de la terre. Cette cause, c'est dans le refroidissement de la terre qu'Élie de Beaumont l'a cherchée.

Habitants de la surface, nous rapportons volontiers et avec raison au soleil les variations de température que nous subissons. Mais, quand nous pénétrons profondément dans le sol, nous atteignons d'abord une couche où l'influence des saisons ne se fait pas sentir; plus bas la température va sans cesse en augmentant, tantôt plus rapidement, tantôt plus doucement suivant la nature des terrains. Mais nous savons que la chaleur va toujours du corps le plus chaud au corps le plus froid; ainsi les couches profondes doivent céder à chaque instant de la chaleur aux couches superficielles, et si la température moyenne de celles-ci ne change pas, c'est qu'elles rayonnent vers l'espace la chaleur qu'elles ont reçue; servant ainsi d'intermédiaire entre les couches profondes et les espaces célestes, sans gagner ou perdre elles-mêmes de chaleur d'une manière sensible. Indépendamment de cette première cause de perte de chaleur, les couches profondes envoient, à la surface, des eaux thermales en masses considérables. Supputez la totalité des sources, ajoutez-y les laves des volcans et vous trouverez d'énormes quantités de chaleur apportées des couches profondes du globe à sa surface. Ces phénomènes-là ne sont pas non plus restreints à l'époque actuelle. Dans tous les temps géologiques il y a eu des sources thermales, dont les canaux tapissés des matières qu'elles y ont déposées sont exploités par les mineurs; dans tous les temps des roches plus ou moins voisines des laves sont venues au jour par les fentes de l'écorce, apportant aussi de la chaleur du fond. Aussi loin que nous puissions voir en arrière, toujours la partie centrale a projeté sa chaleur à l'extérieur; voilà donc une cause toute naturelle, actuelle et ancienne, qui explique bien simplement la contraction dont nous voyons les traces. Si le globe se contracte, s'il diminue de volume, c'est qu'il se refroidit.

Si le globe se refroidit ainsi depuis l'époque déjà bien reculée à laquelle nous commençons à saisir des traces de la vie à sa surface, sa masse était alors notablement plus chaude qu'aujourd'hui, et nous sommes encore obligés d'admettre que la chaleur qu'il possédait alors lui venait d'un temps antérieur sur lequel l'observation directe ne nous apprend que bien peu de chose. En remontant de plus en plus la suite des siècles nous sommes amenés à concevoir dans la nuit des temps un moment où la terre entière était liquide et même gazeuse par effet de la température élevée qui y régnait. Notre hypothèse n'est plus qu'une conséquence de celle qui depuis Laplace est acceptée par les astronomes pour expliquer le mode de formation du système solaire.

Cette hypothèse seule satisfait à toutes les conditions du problème que les géologues ont à résoudre. D'elle seule découle naturellement la forme sphéroïdale du globe, l'absence de vie pendant la première période de son existence, et avant que la terre et les eaux ne fussent séparées. Cette hypothèse est d'accord avec ce fait constaté aujourd'hui que dans les temps géologiques anciens, par exemple à l'époque où se sont formés les bassins houillers, les climats étaient les mêmes sur toute la surface du

globe, comme nous pouvons en juger par la distri-
bution des plantes à cette époque. Pour nous rendre
compte de ce qui a dû se passer, examinons ce qui
arrive quand un gros lingot de métal vient d'être
coulé. La surface arrive rapidement à être assez
froide pour qu'on puisse la toucher, et à partir de
ce moment son refroidissement devient très-lent.
L'intérieur du lingot peut cependant être encore
très-chaud, rouge même. Une fois ce moment
atteint, la surface se refroidira bien plus lentement
que l'intérieur, car si nous attendons deux jours
par exemple, pendant ces deux jours la température
de l'intérieur du lingot se sera abaissée du rouge
jusqu'à la température de l'air, tandis que celle de
la surface se sera abaissée de quinze à vingt degrés
seulement. Ainsi nous avons deux périodes à distinguer : la première très-courte, dans laquelle la surface se refroidit très-vite, plus vite que la masse;
la seconde plus longue, dans laquelle la surface
se refroidit moins vite que la masse.

Pour la terre, il en a été vraisemblablement de
même. La température de la surface s'est abaissée
rapidement d'abord, puis elle est devenue assez
froide pour que l'eau liquide pût y exister, et
quelque temps après la vie — c'est l'état du lingot
auquel on peut toucher bien qu'il soit encore chaud.
A partir de ce moment la température de la surface
ne varie plus que d'une manière insensible, tandis
que le noyau perd toujours sa chaleur, en même

temps il se contracte, tandis que la surface garde
la même ampleur et se plisse pour s'appliquer sur
lui.

Tel est le système d'Élie de Beaumont. Si j'ai
réussi à vous le faire saisir, vous devez être frappés
de l'enchaînement logique des idées et de la correspondance générale de la marche réelle des choses,
avec les déductions successives de l'hypothèse fondamentale et unique qu'il a empruntée aux astronomes.

Tous les géologues n'ont pas adopté cette manière
de voir. En même temps que sous la plume d'Élie
de Beaumont se développaient les idées que je
viens de vous exposer, parallèlement, pour ainsi
dire, se succédaient les écrits de Lyell, chef d'une
école que je ne puis appeler anglaise, puisque ses
principes ont toujours été repoussés par de la Bêche,
par Murchison et les autres fondateurs de la géologie anglaise, mais *uniformitaire*, si vous voulez
me permettre ce mot forgé du reste par un de ses
compatriotes.

Les géologues de cette école posent en principe :
d'abord qu'il est irrationnel de chercher, pour
expliquer les phénomènes anciens, des causes
autres que les causes actuellement existantes, ce
que tout le monde accordera sans peine; mais ils
admettent implicitement aussi que jamais ces causes
n'ont eu une intensité plus grande qu'aujourd'hui,
ce qui est une supposition tout à fait gratuite.

Pour expliquer les phénomènes grandioses dont notre globe a été témoin, ils appellent à eux l'aide du temps. Ils caractérisent notre école révolutionnaire, c'est ainsi qu'ils nous appellent, par les mots « prodigue de violence, avare de temps. » L'école uniformitaire est de son côté bien prodigue de temps, car elle estime à deux ou trois cents millions d'années le temps qui s'est écoulé depuis la fin de la periode tertiaire moyenne.

Il faut bien admettre cependant que cette structure si remarquable des chaînes de montagnes ne peut pas être le résultat de mouvements, si prolongés qu'ils soient, de la nature de ceux que nous voyons actuellement dans le nord de l'Europe. L'action volcanique ne produit pas non plus de chaînes de montagnes. La croûte terrestre se fendit, la fente se remplit de laves qui montent à la surface, se déversent sur la terre, ou s'empilent les unes sur les autres, en même temps que les vapeurs qui s'en échappent projettent au loin des scories ; mais les couches même de l'écorce sont à peine dérangées. Restent donc les tremblements de terre, qui de tous les phénomènes actuels sont ceux dont les effets présentent le plus d'analogie avec un soulèvement de montagnes, réduit à une échelle microscopique. On a vu en 1822, au Chili, une surface égale à la moitié de la France soulevée d'un seul coup de plusieurs mètres ; probablement, parmi les fentes du sol, y en a-t-il plusieurs qui ont joué à ce moment et dont les parois ont glissé l'une sur l'autre ; et on a des preuves que ce fait s'est produit plusieurs fois depuis que le continent américain a pris sa forme actuelle. Pour produire des accidents comme ceux dont je vous ai entretenus, il faudrait donc qu'un phénomène identique se fût produit plusieurs milliers de fois au même point.

Ces tremblements de terre sont parfois terribles dans leurs conséquences. On a évalué à quarante mille le nombre des personnes mortes dans le tremblement de terre de 1783 en Calabre. Dans notre siècle même, les tremblements de 1812 à Caracas, de 1815 à Sumbava, ont coûté la vie à douze mille personnes au moins chacun. Pour les habitants des régions voisines, ces événements méritent bien le nom de catastrophes. Y a-t-il une raison quelconque qui nous prouve que des catastrophes semblables ne peuvent pas se produire sur une plus grande échelle ? Aucune, si ce n'est qu'on n'en a pas encore vu ?-Or, si un Latin de l'époque de Pline avait voulu expliquer par des éruptions du Vésuve la forme et la structure du volcan, n'aurait-on pas pu lui reprocher de faire intervenir des causes étrangères à la nature actuelle, ou d'attribuer à des causes actuelles une énergie plus grande qu'elles ne le comportent réellement, puisque de mémoire d'homme, c'est-à-dire depuis la première colonisation grecque, on n'avait jamais vu le Vésuve donner un signe d'activité.

De ce côté du reste, entre l'école uniformitaire et celle d'Élie de Beaumont, il y a moins de désaccord qu'il ne semblerait ; ce n'est guère qu'une question de mesure. Si le chef reconnu de la première, contraint par l'évidence, se laisse aller à parler de cataclysmes, de révolutions, lorsqu'il décrit les scènes alpestres[1], les opinions d'Élie de Beaumont avaient aussi notablement changé depuis l'origine.

A ses débuts, la géologie était encore bien voisine de l'enfance ; les observations peu nombreuses et peu étendues ne restreignaient pas assez la place que prenait l'imagination. Cette grande liberté laissée à la folle du logis semblait être un charme de plus. Depuis la critique a repris ses droits, et n'a pas égargné les plus grands noms.

En 1830 Cuvier régnait ; il avait déclaré que les animaux qui avaient habité notre globe avant l'homme avaient été tous détruits par une révolution subite ; plus tard il déclara que d'autres révolutions avaient précédé celle-là, et avaient également détruit tous les êtres déjà existants. La terre avait ainsi passé par une suite de destructions totales, subites, de toute la nature vivante et de créations complètes. Qui pouvait mieux parler de ces faits que Cuvier, à la voix duquel ces ossements épars venaient se placer les uns à côté des autres, en même temps que sa puissante intelligence reconstituait les mus-

1. Lyell, *Principes*.

cles et jusqu'à la forme extérieure des animaux auxquels ils avaient appartenu ?

Faut-il nous étonner si, à l'abri d'une pareille autorité, la doctrine des révolutions subites était admise en zoologie, et si Élie de Beaumont cherchait à faire coïncider les dates des soulèvements des premières chaînes de montagnes qu'il observait, avec les démarcations tranchées de Cuvier ; si, pour justifier les effets destructeurs de ces soulèvements, il avait exagéré leur amplitude ? Cette manière de concevoir l'histoire de la terre était déjà un tel progrès sur les romans qui étaient le fond de la géologie ancienne, qu'elle fut adoptée d'une manière presque générale en France, et que longtemps après que Élie de Beaumont y avait renoncé, d'Orbigny, le vulgarisateur de la géologie en France, la maintenait encore.

Des observations ou plutôt des renseignements imparfaits avaient contribué aussi à égarer Élie de Beaumont, mais il ne tarda pas à amender son premier système ; tandis qu'il ne déplaisait pas à Arago de voir les montagnes pousser comme des champignons, Élic de Beaumont reconnaissait de plus en plus que les grandes chaînes, les plus élevées avaient pris une partie de leur relief à des époques diverses ; que les Pyrénées, par exemple, qu'il avait cru, sur la foi de leur simplicité géographique, élevées en une seule fois, portaient les traces de six ou sept systèmes de dislocations d'âge différent, et que les reliefs les plus accusés étaient dus à la répétition des mêmes phénomènes à des époques diverses, ce qui diminuait d'autant la part revenant à chacun de ces systèmes. De plus, il avait reconnu aussi que l'accident caractéristique du système des montagnes, la discordance de stratification, était facile à suivre en longueur sur de grandes distances, mais que transversalement cette discordance disparaissait rapidement; que des terrains discordants en France et en Irlande, par exemple, pouvaient être concordants en Angleterre; de sorte que le ridement et l'écrasement correspondant à une époque déterminée ne s'étendent jamais qu'à une faible partie de la surface de la terre. Si, par exemple, un ridement a diminué la circonférence terrestre de quarante kilomètres, il ne faut pas oublier que ces quarante kilomètres ne sont que la millième partie de la circonférence; or ce ridement peut amener des dislocations considérables là où il se produit, mais non troubler la sphère entière au point d'y éteindre la vie. Les opinions d'Élie de Beaumont ont été si souvent méconnues que je dois vous citer textuellement un passage bien net de lui à cet égard.

« En 1834, dit-il, je m'élevais déjà contre l'opinion qui regarderait chacune des révolutions de la surface du globe comme ayant déterminé non-seulement des déplacements, mais encore un renouvellement des êtres vivants.

« Lorsque les fossiles de tous les terrains seront

parfaitement connus, ils formeront par leur ensemble une série aussi continue que l'est aujourd'hui la série partielle des terrains jurassiques et crétacés, ou celle des terrains paléozoïques, et, sans cesser d'identifier les couches d'après leurs fossiles, les géologues seront ramenés à baser les divisions des terrains sur leur gisement[1]. »

Il y a donc accord entre Élie de Beaumont et l'école opposée sur l'absence de toute catastrophe violente et soudaine sur toute la terre ; il y a accord aussi sur ce que en un point déterminé, les périodes de repos où la sédimentation a été tranquille et prolongée ont été infiniment plus longues que les époques de troubles, de perturbations ou de convulsions, comme on voudra les appeler.

Mais ce désaccord s'accentuera davantage, si nous cherchons à remonter aux causes de ces perturbations.

Les géologues de cette école admettent bien que la terre peut avoir été autrefois plus ou moins liquide, plus ou moins chaude ; mais, si c'est vrai, disent-ils, il y a si longtemps que toute trace de chaleur primitive s'était évanouie avant les premiers temps géologiques auxquels nous pouvons remonter. Un de ses adeptes disait même récemment que la croyance à la chaleur centrale n'était qu'un reste des traditions mythologiques des Grecs,

1. *Bulletin*, § IV, p. 384. 1834.

« un vieil avatar de l'ancien mythe du Tartare[1] » ;
il faisait ressortir combien il était singulier de ne
pas trouver partout le même accroissement de température, lorsqu'on pénétrait dans les couches profondes du sol ; enfin, tirant parti d'un sondage qui
comme tous les autres avait donné des températures
croissantes, mais de moins en moins rapidement, il
s'écriait[1] : « Un résultat semblable serait-il possible,
si cette source de chaleur existait au centre de la
terre ? Comment veut-on prouver au simple bon
sens qu'en approchant son doigt d'une flamme, il
faut parcourir des distances de plus grandes, à mesure qu'on s'approche, pour sentir plus de chaleur ?
N'arriverait-on pas à la conclusion la plus invrai-
semblable, pour n'en dire plus, savoir : qu'en approchant du noyau incandescent, il faudrait faire
même des milliers de mètres pour trouver une augmentation d'un degré[2] »

Malheureusement pour sa thèse, personne n'a
songé à assimiler l'intérieur de la terre à la flamme
d'une chandelle, où la chaleur est renouvelée con-
stamment par la combustion. Pour la terre, ce n'est
pas la chaleur centrale qui est inépuisable, mais le
froid extérieur, froid qui pénètre de plus en plus et
dont l'action est d'autant moins sensible qu'on s'en-
fonce davantage.

<hr>

1. Vogt, *les Volcans*. Association française pour l'avancement
des sciences. 2e session, p. 1048.
2. Vogt, *idem*, p. 1047.

Aussi, quand les adversaires de la chaleur centrale viennent nous opposer les chiffres fantastiques que l'on trouverait si la température allait en augmentant sans cesse d'un degré pour trente mètres, par exemple, devons-nous leur répondre que, précisément en vertu des lois du refroidissement, cette augmentation de la température doit aller en décroissant très-rapidement, même en supposant l'intérieur du globe aussi mauvais conducteur de la chaleur que la surface.

Tout en voulant nier l'existence d'une chaleur centrale, cette école est bien obligée à faire intervenir la chaleur lorsqu'il s'agit d'expliquer les mouvements généraux d'élévation ou d'abaissement de grandes régions géographiques. Lyell calcule qu'un banc de grès d'une lieue d'épaisseur augmente d'environ sept centimètres par degré centigrade, et que, par conséquent, un banc de cinquante lieues d'épaisseur, s'il s'échauffait de cent degrés centigrades, augmenterait de 350 mètres ; il observe que le granit fondu, cristallisant, doit au contraire diminuer de volume.

Partant de là, il suppose que la chaleur se transportant successivement dans les différentes régions du globe, certaines parties se trouvent échauffées et dilatées, tandis que les autres se refroidissent et se contractent. Il faut alors expliquer pourquoi et comment cette chaleur voyage ainsi à travers la sphère terrestre sans se perdre ; car si on veut renverser la théorie d'Élie de Beaumont, il faut montrer qu'elle est contraire aux faits observés, ce qu'on n'a pas fait, ou nous donner au moins une solution acceptable. Cette explication, je la traduis textuellement[1] : « L'existence de courants électriques dans la croûte terrestre, et les changements de direction qu'ils peuvent subir après de grandes révolutions géologiques dans la position des chaînes de montagnes, des continents et des mers, les rapports du magnétisme solaire et du magnétisme terrestre, de ce dernier avec l'électricité et l'action chimique, peuvent nous aider à concevoir un cycle de changements tel que la chaleur supposée perdue par rayonnement soit réellement rendue à la planète. »

Je n'ai pas besoin de vous faire remarquer que ce n'est pas par la simplicité que brille cette solution, et que si quelqu'un a pu concevoir ce cycle en question, personne n'en a donné le détail. Au fond ce n'est pas un système, mais l'expression du désir qu'on en puisse trouver un, qui permette de maintenir l'idée fondamentale que rien n'a été changé dans l'ensemble de la terre depuis les premiers temps géologiques.

C'est la chimère du mouvement perpétuel qui, chassée de la mécanique, veut se réfugier dans la géologie. Contre une pareille doctrine il est donc

____

1. Lyell, *Principiles of Geology*, vol. II, p. 244. 1872.

nécessaire de protester. Le seul fait que dans tous les sondages sans exception, même ceux faits en Sibérie à travers plusieurs centaines de mètres de terrains glacés, la température du sol a toujours été en croissant, exige que de la chaleur soit à chaque instant communiquée par les couches profondes aux couches superficielles, et de là à l'espace céleste, à moins de nier la loi naturelle que la chaleur va toujours du corps le plus chaud au corps le plus froid. Et cette tendance se manifeste encore sous quelque forme que la chaleur existe. Si les théories modernes nous ont appris que l'affinité chimique, l'électricité et la chaleur ne sont que des formes particulières de mouvement, elles nous ont appris aussi que chaque transformation de ces formes était accompagnée non d'une perte de chaleur, mais d'une dissémination de celle-ci; et il est bien plus naturel d'admettre que les causes actuelles ont eu une énergie plus grande autrefois qu'aujourd'hui, que d'admettre que les phénomènes qui concernent le globe se passent au rebours de la physique; et c'est vouloir aller contre elles que de supposer que l'énergie totale de notre globe, sous quelque forme qu'elle y existe, ne se dissémine pas petit à petit dans l'espace comme ceux du soleil. On ne peut nier d'ailleurs que la chaleur apportée par les laves ne soit réellement perdue par rayonnement; et plus il plaira d'augmenter la durée des temps géologiques, plus on sera obligé d'attribuer de puissance originelle à la cause, non encore amortie, de cet apport perpétuel de chaleur.

Tout indique clairement la marche du monde terrestre vers un état final, l'impossibilité d'un retour en arrière, et en même temps la nécessité d'un commencement, d'une création.

Je reviens à la théorie d'Élie de Beaumont. Nous pourrons la résumer dans un mot. Les montagnes et les accidents dont je vous ai entretenus sont les effets de l'action mutuelle de l'enveloppe et du noyau intérieur; mais là ne se bornaient pas, dans l'esprit d'Élie de Beaumont, les résultats de cette action mutuelle. Les fentes de l'écorce sont autant de canaux qui nous mettent en communication avec les couches profondes du globe. Ces fentes sont remplies, les unes de produits volcaniques, les autres de minerais métalliques ; c'est au milieu d'elles que circulent les eaux qui donnent naissance aux sources minérales. Ces trois sortes de produits, en apparence si différentes, Elie de Beaumont en a montré l'origine commune et la filiation, dans un mémoire[1] de quelques pages qui, sous une forme condensée, retrace l'histoire du globe au point de vue chimique, et dont la conclusion générale est que l'activité chimique du globe, comme son activité mécanique, a été en diminuant pendant les temps géologiques.

1. *Bulletin de la Société de Géologie*, 2ᵉ série, t. IV, 1847.

C'est dans ce mémoire qu'il a montré quel rôle, non soupçonné jusque-là, ont joué les émanations du noyau central, chargées de rajeunir la partie superficielle en lui fournissant sans cesse de nouveaux éléments.

Ces recherches, qui semblent purement théoriques, ont un intérêt pratique considérable. Le hasard, des chances heureuses, ont présidé longtemps à la découverte des richesses minérales ; mais l'exploitation rationnelle de la terre ne commencera que lorsque nous serons suffisamment renseignés sur les gisements des matières utiles, sur leur origine et leur mode de production.

La tâche du géologue est de circonscrire de plus en plus le champ, où les recherches doivent être faites pour être productives, d'indiquer au mineur les régions où il doit chercher et celles où il ne doit rien espérer. Il y réussira d'autant mieux qu'il connaîtra plus complétement les conditions dans lesquelles se sont produites ces matières.

Nous pouvons trouver dans les œuvres d'Élie de Beaumont un exemple de l'influence heureuse que la géologie peut et doit exercer. Il n'y a pas un siècle que l'on s'est préoccupé sérieusement du rôle que joue dans les plantes et dans les animaux l'un des éléments les plus essentiels de leur constitution : je veux parler du phosphore. Les squelettes de tous les animaux en contiennent de notables proportions. Ce phosphore ne peut leur venir que des végétaux, qui eux-mêmes le puisent dans le sol. Tous les végétaux, et notamment les graines des céréales, en contiennent. Ce phosphore est nécessaire et aussi indispensable à leur existence qu'à la nôtre. Ainsi chaque récolte enlève à la terre arable une partie de son phosphore et l'épuise peu à peu. Quand l'épuisement est complet, la terre devient absolument stérile[1].

Dans l'état de nature, là quantité de phosphore dont la couche arable a été dotée originairement doit rester à peu près invariable. Les végétaux et les animaux meurent ou sont dévorés sur place, et leur phosphore retourne au sol qui l'a fourni. Au contraire, dans les pays cultivés depuis longtemps, il n'y a pas de parcelle de phosphore qui n'ait passé à plusieurs reprises dans l'estomac de l'homme et des animaux; en décrivant ce cycle qui la ramène periodiquement dans la terre végétale, elle peut rencontrer des causes qui tendraient à la détourner et à le précipiter dans l'océan. Les eaux pluviales, en courant à la surface des champs s'y chargent bien plus de matières minérales qu'elles n'en enlèveraient à une lande ou à une forêt; de là un déchet qui profite aux parties basses des vallées par l'effet du limon que déposent les inondations, mais qui va en grande partie s'engloutir dans la mer.

1. Étude sur l'utilité agricole et sur les gisements géologiques du phosphore. Mémoires de la *Société impériale et centrale d'agriculture*. 1856.

Cette perte inévitable, la nature la répare par deux moyens, par les alluvions d'une part (et c'est à cette cause que la vallée du Nil et celle du Gange doivent leur éternelle fécondité, par les phénomènes volcaniques de l'autre. Tandis que la plus grande partie de la Sicile est devenue l'asile de la misère, les pentes de l'Etna, incessamment rajeunies par les cendres et les laves, offrent, au contraire l'aspect le plus riant. Le Vésuve, l'Etna et Santorin sont couverts de riches vignobles, qui puisent leur phosphore dans les cendres et les laves décomposées sur lesquelles ils croissent.

Ces procédés, parfois un peu terribles, que la nature emploie pour se rajeunir, ne sont pas à la portée de tous, et si nous ne voulons pas voir les champs fertiles de la Beauce et de la Brie frappés à leur tour de dépérissement, nous devons leur restituer chaque année le phosphore que leur enlèvent les récoltes. C'est un devoir d'autant plus étroit que par nos mœurs mêmes nous hâtons cet appauvrissement. Le respect dont nous entourons les restes de nos ancêtres a cette conséquence que nous retirons tous les jours de la circulation une certaine quantité de phosphore qui, sans notre intervention, aurait été rendu à son rôle naturel ; nous diminuons lentement, mais incessamment ainsi, le fonds de roulement de la vie. Nous restreignons le nombre des graines, des animaux et des hommes mêmes que la terre peut nourrir. Chaque million d'hommes dont les restes sont ainsi écartés de la circulation représente quatre cent mille kilogrammes de phosphore, c'est-à-dire le phosphore contenu dans deux cents millions de kilogrammes de blé, ou dans la récolte annuelle de cent mille hectares.

Vous saisissez dès lors quelle importance sociale présente la connaissance des gisements de phosphore, ou, pour être plus rigoureux, des substances phosphorées.

En dehors de la source, on peut dire permanente des foyers volcaniques, il en existe heureusement d'autres, fruit des économies de la nature dans les temps passés, et qui dans le budget général de la terre pourraient représenter l'excès de ses recettes en phosphore sur les dépenses nécessaires à l'entretien de la vie. Tantôt ce sont les restes mêmes d'animaux éteints depuis longtemps, tantôt des coquilles dont l'intérieur se trouve rempli de matières très-riches en phosphore[1].

A l'époque où Élie de Beaumont avait tracé la carte géologique de la France, l'attention publique était peu portée vers ces questions. D'illustres chimistes, et en particulier celui qui pendant longtemps fut l'ami et le collègue d'Élie de Beaumont, avaient signalé le danger et fait connaître ces lois inexorables, prouvé que l'homme, impuissant à rien créer, est astreint sous peine de déchéance à ne

---

1. Dumas, *Statique chimique*, etc., *passim*.

rien laisser perdre. Mais la masse des agriculteurs ne se préoccupa que tardivement de l'importance des phosphates. Comme il arrive toujours en pareil cas, les besoins furent d'autant plus étendus qu'ils avaient été méconnus plus longtemps, et la France dut tirer de l'étranger et payer des quantités considérables de phosphates.

Quelques gisements étaient connus en France, mais comme curiosité scientifique; cependant le jour où il fut consulté, Élie de Beaumont montrant une petite bande qu'il avait colorié en vert sur la carte géologique de France, put dire : Cherchez tout le long de cette petite bande, et vous en trouverez. L'an dernier, dans sa séance annuelle, l'Académie récompensait l'homme qui fort de cette parole avait avec persévérance exploré du Boulonnais aux Alpes maritimes cette étroite bande de terrain, retrouvé partout les précieux nodules de phosphates, et doté par son activité notre pays d'une nouvelle source de richesse.

Vous me saurez gré, Messieurs, d'arrêter ici cet exposé des travaux d'Élie de Beaumont. Si je n'ai pas été indigne de l'honneur que m'a fait votre Comité, vous aurez compris combien de pareils travaux illustrent l'homme qui les a produits; vous aurez compris l'influence qu'il a exercée et en France et à l'étranger, et combien était légitime l'autorité de son nom. Vous aurez compris aussi quelle attitude respectueuse m'était imposée, et que mon rôle a dû se borner à vous exposer et non à apprécier ses œuvres.

APPENDICE

Dans une exposition aussi rapide des travaux d'Élie de Beaumont, on a dû forcément passer sous silence bien des points importants ; c'est ainsi que l'exécution de la *Carte géologique de la France*, que les deux volumes de ses *Leçons de géologie pratique*, n'ont pas été mentionnés, bien que chacune de ces œuvres eût mérité à elle seule de longs développements.

Il a été également difficile de distinguer complétement ce qui revient personnellement à Élie de Beaumont des idées qu'il avait empruntées à ses prédécesseurs. Il a eu soin cependant, dans chacun de ses écrits, de rappeler tous les travaux antérieurs : en résumant même dans une note[1] les idées théoriques professées depuis l'antiquité sur la formation de la terre, par les philosophes, les poëtes et les savants, il a fait ressortir toute l'originalité des sciences ; montré que ce qu'il introduisait dans la

1. V. Notice sur *les Systèmes de montagnes*, p. 1318 et seq.

science, ce n'était pas seulement des faits nouveaux, mais la coordination de ces faits. A ce titre, il peut paraître utile de signaler en quelques mots les opinions des savants, même antérieurs à Werner, en laissant de côté les œuvres d'imagination pure.

Stenon (Nicolas Stenonis). De solido intra solidum contento. Dissertationis Prodromus, 1669, ou, en extrait, Annales des sciences naturelles, t. XXV, p. 337 (1832). Il distingue les formations volcaniques des formations marines ou lacustres ; observe que les inégalités du sol sont en relation avec les plissements des couches ; que s'il n'y avait pas eu de bouleversements, la terre serait formée de couches concentriques ; il attribue les dérangements aux tremblements de terre et aux volcans ; il se rend déjà compte que les filons ne sont que les remplissages de fractures anciennes, tandis que ses contemporains y voyaient les branches d'un arbre dont les racines d'or étaient au centre de la terre. Il distingue : « *Sex diversæ Etruriæ facies ex præsenti facie Etruriæ collectæ.* »

En 1740. *Lazaro Moro* distingue deux périodes d'élévation, la première après l'époque primitive (azoïque), la deuxième après les temps secondaires.

Füschel, auteur d'une carte géognostique avec coupes de la Thuringe, admet l'horizontalité primitive des dépôts sédimentaires et la nécesssité d'élévations et de chutes. Le premier il définit les *terrains* dans le sens actuel du mot : « Montes ab eadem massa, eodemque modo constructi, » dans un ouvrage remarquable :

Historia terræ et maris ex historia Thuringiæ per montium descriptionum erecta, in Act. Acad. elect. Moguntinæ. Erfurth, vol. II, p. 44-209, 1762.

Michell, dans le *Philosophical Magazine. On the causes and phenomena of earth quakes*, traite du soulèvement, du plissement des couches, et note le parallélisme des plissements des couches identiques dans la même contrée.

Saussure, enfin dans ses *Voyages dans les Alpes*, mit en évidence le parallélisme des chaînes dites secondaires, et de la chaîne principale. Vers la fin de son ouvrage, § 2302, il mentionne le parallélisme des crêtes et des couches comme un des faits les plus généraux que *Palassou*, dans son *Essai de la minéralogie des monts Pyrénées*, 1781, avait remarqués de son côté.

Malgré ses observations sur le poudingue de Valorsine, Saussure répugne à étendre les mêmes conclusions aux couches calcaires : « car, dit-il, les rochers étant produits par une cristallisation, on ne doit nullement s'étonner de voir leurs couches perpendiculaires à l'horizon. » (Voy. §§ 239 et 240.)

Dans les *Lettres à M. de Lamétherie* (*Journal de Physique* 1791), Deluc admet des brisements plusieurs fois répétés du sol continental produits par de violentes commotions, système qu'il développa dans son *Traité* (1809) et dans son *Abrégé* (1815) *de Géo-*

logie, en assignant comme causes de ces commotions des chutes dans l'intérieur des cavernes qu'il suppose constituer la plus grande partie de la terre.

Hutton et surtout *Playfair*, dans ses *Illustrations of the Huttonnian, theory of the Earth* (1802), développe le système du creusement des vallées par l'unique action des eaux, de la sédimentation (opposée à l'incrustation), comme cause de la production des couches, et du soulèvement du fond de la mer par la chaleur centrale.

Jusqu'à cette époque il n'y a pas de progrès sensibles sur la manière de voir de *Stenon*.

Léopold de Buch introduit des idées nouvelles. Après avoir constaté, contrairement aux opinions de Werner, que les granits, porphyres et basaltes, sont des roches éruptives ; que les volcans de la France centrale sont bien, comme *Dolomieu* l'avait annoncé, dans un pays granitique, et ne doivent pas leur existence à la combustion de couches de combustibles, il expose sa théorie des soulèvements proprement dite. L'apparition des chaînes de montagnes est due au soulèvement du sol par les vapeurs qui accompagnaient l'éruption des roches ignées, comme elles accompagnent encore l'émission des laves. (Voy. *Physikaliche Beschreibung der Kanarischen Inseln. Uber die Züsammen setzung der basaltischen Inseln*, dans Léonhard, 1821). De Buch applique cette théorie aux Alpes, en même temps qu'il imagine le métamorphisme, c'est-à-dire la transformation en dolomie des couches calcaires, par les mêmes vapeurs. Enfin il trace en 1824 les limites de quatre *systèmes* dans l'Europe centrale; ces *systèmes* étant l'ensemble des couches de même direction (*Léonhard Taschenbuch*). C'est probablement là le germe des théories d'Élie de Beaumont.

Bien que pendant longtemps Élie de Beaumont n'ait pas paru vouloir se prononcer entre les idées de *Deluc* (abaissement des couches dans des cavités souterraines) et celles de *Buch*, la théorie de celui qu'il se plaisait à appeler son maître avait évidemment sa preférence. En 1850[1] et en 1851[2], lorsqu'il l'avait manifestement abandonnée pour lui substituer l'idée plus générale d'un ridement de l'écorce terrestre, il défendait encore le mot de « soulèvement. »

Le respect profond qu'il professait pour Saussure, pour de Buch, pour Cuvier, a réagi d'ailleurs sur ses opinions jusqu'à la fin de sa vie. Cuvier avait supposé une démarcation tranchée entre l'ère dite actuelle et les âges antérieurs, démarcation que Brongniart avait accusée encore plus, en opposant l'ensemble de celle-ci, sous le nom de période saturnienne, à la période jovienne, ou actuelle; en accumulant dans la première tous les bouleversements, tandis que la seconde, marquée principalement par l'arri-

1. Comptes rendus, t. XXXI, 7 octobre 1850.
2. *Notice sur les Systèmes de montagnes.* 1851.

vée de l'homme sur la terre, jouissait d'une tranquillité à peine troublée par les phénomènes volcaniques. Cuvier niait même les mouvements séculaires du nord de l'Europe[1], bien qu'ils eussent été constatés de la manière la plus évidente par tous les savants qui avaient visité la Suède, et avait prétendu les rayer des causes actuelles. Plus éclairé, Élie de Beaumont reconnut l'existence de ces modifications lentes des niveaux des continents, et consacra même à leur étude une partie de ses *Leçons de géologie pratique*[2].

Il garda néanmoins l'idée qu'une grande catastrophe avait inauguré l'ère actuelle, et voyait avec Saussure la trace de la « grande débâcle » dans la dispersion des blocs erratiques tout autour des Alpes ; ce n'est qu'avec la plus grande réserve qu'il parle du soulèvement des Andes comme pouvant être postérieur à l'existence de l'homme. Cette conviction, basée sur les négations de Cuvier, lui fit méconnaître la valeur des preuves aujourd'hui si complètes de la coexistence de l'homme et des races éteintes des grands pachydermes, et l'analogie des phénomènes erratiques des Alpes avec celui du Nord, pour lequel il acceptait une large intervention de la glace[1].

1. *Discours sur les Révolutions du globe.*
2. *Tableau des terrains qui composent l'état du globe.* 1829.
3. Indiquée déjà par Playfair, *op. cit.*, § 348, comme l'une des causes possibles du transport des blocs.

Il aurait pu cependant accepter les idées nouvelles sans contradiction avec celles que j'ai
rappelées plus haut, s'il n'avait préféré suivre
l'opinion de ses illustres prédécesseurs, tant qu'elles
n'étaient pas contraires à ses propres observations

Il avait d'ailleurs été maintenu dans cette voie
par les observations de Dufrénoy, qui n'avait vu
aucun bloc erratique dans les Pyrénées, d'où il ré-
sultait que la dispersion des blocs était un phénomène purement alpin.

Ce n'est pas le lieu de rechercher ici quelle part
revient aux divers géologues, et à Élie de Beaumont
lui-même dans les erreurs qui ont pu être commises
relativement à quelques systèmes de montagnes. Ces
erreurs inévitables, puisque la détermination de
l'âge d'un soulèvement suppose que l'on connaît
exactement l'âge des couches soulevées, problème
non encore complétement résolu, ne détruiront jamais l'ensemble de l'œuvre d'Élie de Beaumont.

Typographie Lahure, rue de Fleurus, 9, à Paris.